CONVERSION
ET MARTYRE

DE

SAINT QUIRIN

ET DE SAINTE BALBINE,

SA FILLE,

AVEC L'HISTOIRE

DE LA TRANSLATION DE LEURS CORPS

AU VILLAGE DE SAINT-QUIRIN

(DIOCÈSE DE NANCY.)

NANCY,

VAGNER, LIBRAIRE-ÉDITEUR,

Rue du Manége, 5.

1847.

Par Vaguer

I

NANCY, IMPRIMERIE DE VAGNER,

Rue du Manége, 3.

CONVERSION
ET MARTYRE
DE
SAINT QUIRIN
ET DE SAINTE BALBINE,
SA FILLE,

AVEC L'HISTOIRE

DE LA TRANSLATION DE LEURS CORPS

AU VILLAGE DE SAINT-QUIRIN

(DIOCÈSE DE NANCY.)

NANCY,

VAGNER, LIBRAIRE-ÉDITEUR,

Rue du Manége, 5.

1847.

1846

Curé de Saint-Quirin.

MONSIEUR ET AMI,

C'est à vous que je dédie la courte relation de la conversion et du martyre du glorieux saint QUIRIN, patron de votre chère paroisse. Vous m'avez donné la première idée de ce petit travail, vous m'avez maintes fois affectueusement pressé d'y consacrer quelques heures de

1*

mes rares loisirs. J'ai cédé à vos prières, dans le désir d'être utile aux nombreux pélérins qui viennent s'agenouiller devant les restes précieux du saint martyr et de sa fille BALBINE, et qui demandent vainement une notice pieuse sur les saints personnages dont ils implorent l'intercession. Puissent ces quelques pages remplir leur but, en offrant à ces fidèles un sujet de lecture intéressante et d'édification chrétienne !

Il y a peu de choses neuves dans le récit que je vous envoie. Deux petits livres ont paru sur le même sujet, il y a déjà bien des années. Mais, outre que l'édition en est complétement épuisée, ils ne sauraient aujourd'hui être mis avec fruit entre les mains du peuple, à cause des imperfections du style, et à cause aussi de quelques descriptions et prescriptions oiseuses. J'ai donc cru utile de remonter aux sources : j'ai consulté la grande et belle collection des Bollandistes ; j'ai feuilleté *Surius*, *Adon*, *Usuard*. C'est le résultat de ces recherches que je vous offre aujourd'hui : heureux si je puis ainsi intéresser quelques bonnes âmes, et vous prouver en même temps le dévoûment amical avec lequel je suis votre affectionné parent et ami.

Nancy, le 1er décembre 1846.

VAGNER.

CONVERSION ET MARTYRE

DE

SAINT QUIRIN

ET DE SAINTE BALBINE,

SA FILLE.

I

Conversion & Martyre de saint Quirin.

Un siècle et demi ne s'était pas encore écoulé depuis que l'étoile miraculeuse avait annoncé aux mages la naissance d'un Dieu, venu au monde pour sauver le genre humain. Alexandre Ier occupait le trône de saint Pierre, où cinq papes avaient déjà trouvé la couronne du martyre ; une semblable gloire l'attendait. Telle était la sainteté de ses mœurs, tel l'éclat de ses vertus, que les Romains et les païens eux-mêmes ne pouvaient s'empêcher de lui accorder un respect plein d'affection. Le saint pape utilisa la bienveillance qui s'attachait à sa personne, pour étendre le règne de la foi, et augmenter le nombre des adorateurs de Jésus-Christ. Dieu bénit ses pieux efforts ; et une foule de personnes de la plus haute distinction abandonnèrent le culte infâme des idoles, pour la morale si pure de l'Evangile. De ce nombre fut le préfet même de Rome, Hermès, lequel, avec sa femme et ses enfants, reçut le baptême des mains du Pontife, le saint jour de Pâques ; douze cent cinquante esclaves qui lui appartenaient, sans compter les femmes et les enfants, furent baptisés en même temps, après avoir été affranchis.

La nouvelle de cette conversion si remarquable ne tarda pas à parvenir aux oreilles d'Adrien, qui avait succédé à Trajan sur le trône des Césars. Sa colère fut grande; aussi envoya-t-il à Rome, pour punir les disciples du Christ, un homme que ses cruautés ont rendu célèbre. A peine Aurélien fut-il arrivé dans la ville éternelle qu'il se vit environné des prêtres des idoles et de leurs sectateurs, qui se plaignaient amèrement d'Alexandre, dont la voix s'élevait avec tant d'éloquence contre l'inanité des faux dieux; ils se plaignaient aussi d'Hermès, dont le noble exemple avait arraché tant de victimes au paganisme. Aurélien les fit donc arrêter l'un et l'autre et jeter séparément dans les fers, sous la garde du tribun Quirin.

Mais Dieu avait abaissé un regard de protection sur Quirin, et il destinait l'instrument de la persécution à devenir l'une des gloires de son Eglise. Visitant un jour le confesseur de la foi dans sa prison, le tribun lui dit : Comment peut-il se faire, Hermès, que vous, si élevé par votre naissance et vos fonctions, vous consen-

tiez non seulement à être dépouillé de
votre dignité, mais encore à être enchaîné
comme le dernier des mortels ? — Je
n'ai point perdu mes dignités, lui répondit Hermès, je n'ai fait que les chan-
ger : les honneurs qui nous viennent des
hommes peuvent nous être enlevés par
ces mêmes hommes ; les dons du Ciel
méritent seuls une véritable estime, et
subsisteront avec nous durant toute l'é-
ternité. — Je m'étonne, répliqua Quirin,
qu'un homme doué d'une si haute sagesse,
ait pu descendre à s'imaginer qu'il puisse
rester quelque chose de nous après la
mort, quand le corps est devenu la proie
des vers, et que les ossements mêmes se
sont changés en poussière. — Ainsi pen-
sais-je autrefois, Quirin ; comme vous,
je tournais en ridicule la croyance à l'im-
mortalité. Comme vous, je m'imaginais
que la vie présente renfermait toutes nos
destinées, et qu'au-delà du tombeau, il
n'y avait plus que le néant.—Je vous prie,
ô Hermès, de me convaincre qu'il existe

une autre vie après celle-ci, afin que je sache si les motifs de votre foi sont fondés.

— C'est à l'évêque Alexandre, actuellement dans les fers, que je dois la connaissance de cette doctrine, répondit Hermès.

A ce nom, des paroles de colère s'échappèrent de la bouche de Quirin ; il maudit Alexandre et sa foi ; mais, s'étant bientôt calmé, il essaya d'obtenir par la persuasion ce que la violence n'avait pu conquérir. Il dit à Hermès : Revenez, seigneur, à des pensées plus sages ; songez à vos honneurs, si dignes de votre mérite ; songez à votre riche patrimoine, à votre palais si magnifique, à votre famille ; rentrez dans la possession de tous ces biens, en brûlant l'encens sur l'autel des dieux. C'est Aurélien qui parle par ma bouche ; renoncez aux folies de la croix : vos richesses vous seront rendues, et vous pourrez tirer une éclatante vengeance des ennemis qui insultent à vos malheurs.

— Vous m'avez interrogé sur les motif

de ma foi, interrompit Hermès ; laissez-moi vous les exposer.

— Je voulais, en effet, savoir de votre propre bouche si c'est avec justice que vous avez embrassé la foi des chrétiens : mais pourquoi me parler d'un magicien, que je tiens enchaîné dans une prison ténébreuse, et qui a faussé votre jugement et perverti votre intelligence ? d'un homme dont les crimes méritent le supplice du feu ? Mon indignation n'a pu se contenir... Mais s'il possède quelque puissance, que ne se délivre-t-il, et vous avec lui ?

— C'est ainsi, répliqua Hermès, que les Juifs criaient à Jésus - Christ, mon maître, attaché à la croix : « S'il est vraiment Dieu, qu'il descende maintenant de sa croix, et nous aurons foi en lui. » Mais le Seigneur connaissait leurs pensées perfides et corrompues, et il ne descendit pas de la croix ; il savait bien que ces paroles partaient seulement de leurs lèvres, et non point du fond de leurs cœurs. Quant à vous, Quirin, si la sincérité est votre partage, allez trouver le saint évêque Alexandre et dites-lui : Voulez-vous que j'aie confiance en vous et que j'invoque le Dieu que vous prêchez et adorez ? faites qu'Hermès se trouve auprès de vous, ou que je vous trouve auprès de lui, et alors je croirai tout ce que vous me direz.

—J'accepte, dit Quirin ; mais, avant tout, je veux tripler la force des liens qui vous retiennent tous les deux dans vos cachots ; puis je dirai à Alexandre de se transporter près de vous à l'heure du souper. S'il peut l'exécuter, soit alors, soit même pendant un moment quelconque de la nuit, j'aurai une foi entière en tout ce qu'il m'enseignera.

Il alla donc trouver le saint Pontife dans sa prison, et, après lui avoir exprimé ses désirs, il fit tripler le nombre des gardes et des serrures. Pendant ce temps, saint Alexandre, prosterné humblement devant Dieu, lui adressait cette courte prière : Seigneur Jésus-Christ, qui m'avez fait asseoir dans la chaire de saint Pierre, en-

voyez-moi un de vos anges, qui me con-
duise ce soir vers votre serviteur Hermès
et me ramène ici à l'aurore, sans que personne s'aperçoive ni de ma sortie ni de
mon entrée.

Donc, à la première heure de la nuit, un
enfant entra dans la prison, portant dans sa
main un flambeau allumé, et s'adressant
à Alexandre : Suis-moi, lui dit-il. — Vive
Notre-Seigneur Jésus-Christ, lui répondit
celui-ci ! Si tu ne fléchis le genou et si tu
n'invoques le nom de Jésus, je ne te suivrai
pas. L'enfant, qui ne paraissait pas avoir
plus de cinq ans, fléchit le genou et pria
environ une demi-heure, puis, ayant récité
l'Oraison dominicale, il prit par la main
saint Alexandre, et, quoique toutes les
portes et les fenêtres fussent fermées, il le
conduisit dans le cachot d'Hermès, où
Quirin ne tarda pas à arriver.

Sa terreur fut au comble quand il vit ses
prisonniers parfaitement éclairés et priant
le Ciel les mains élevées. Ses sens en furent tout troublés. « Vous avez promis, lui

rappelèrent les deux confesseurs, d'embrasser notre foi, si vous nous voyiez, nous,
unis jusqu'à présent seulement d'esprit et
de prières, réunis également de corps. Vos
yeux sont témoins maintenant de ce que
Dieu a permis dans sa grande bonté ;
croyez donc.

Qu'il ne vienne pas dans votre pensée
que, si nous nous sommes montrés à vous
dégagés de nos liens, notre intention soit
d'échapper à ceux qui nous persécutent.
Demain, au point du jour, vous nous trou-
verez de nouveau portant nos chaînes.
Dieu a permis ce miracle pour votre délivrance, et afin de vous faire croire que Jésus-Christ, Fils du Très-Haut, est le seul
Dieu, digne des adorations de la terre ; qu'il
exauce ceux qui mettent leur confiance en
lui, et qu'il vous accordera à vous-même
ce que vous lui demanderez avec sincérité
et humilité de cœur.

Une pensée de doute traversa alors l'esprit
de Quirin : le Démon ne voulait pas encore
lâcher sa proie. « Votre délivrance, objecta-

2*

t-il, est peut-être l'effet de la magie ? — De la magie ! s'écria Hermès. Mais le premier soin d'un magicien ne serait-il pas de vous échapper ? Est-ce donc notre volonté qui a fait tomber nos chaînes ? Ne nous avez-vous pas affirmé que si vous nous voyiez réunis au même lieu, vous croiriez ? Qu'est devenue la vigilance de vos gardes ? qu'ont fait vos triples serrures ? Dieu a montré sa puissance, donnez-lui donc votre cœur. C'est toujours par des bienfaits que Notre-Seigneur Jésus-Christ s'est révélé au monde, rendant la vue aux aveugles, guérissant les lépreux et les paralytiques, chassant les démons et ressuscitant les morts. Et moi-même, si j'ai le bonheur de posséder la vraie foi, j'en suis redevable à ses bontés envers moi, manifestées par le saint pape Alexandre.

Prêtez l'oreille au récit des merveilles de Dieu, et louez avec moi la grandeur de son nom et la puissance de son bras.

J'avais un fils unique, qui se livrait encore à l'étude des belles-lettres ; il tomba dangereusement malade ; sa mère et moi, nous le conduisîmes au Capitole, et ayant sacrifié à tous les dieux, nous fîmes de riches présents aux prêtres. Mais ni les dons ni les sacrifices ne purent empêcher sa mort.

Sa vieille nourrice éclata en reproches contre moi : Si vous l'eûssiez mené à l'assemblée des chrétiens, me dit-elle en pleurant, à la maison où prêcha saint Pierre ; si vous eussiez proclamé le nom de Jésus, votre fils ferait encore la joie de votre vie.

Je me hâtai de répliquer : N'es-tu pas toi-même aveugle ? et puisque la lumière n'a pas été rendue à tes yeux, que me parles-tu de guérison pour mon fils ? Elle me répondit : Si j'avais cru en Jésus-Christ, il y a cinq ans, je ne serais plus privée de la vue. Va donc, lui dis-je, et crois. Et si Alexandre peut te délivrer de ton affliction, en ouvrant tes yeux, je croirai aussi qu'il peut rendre mon fils à ma tendresse. Elle partit, et, revenant quelques heures après parfaitement guérie, elle chargea sur ses épaules le cadavre de mon fils, et se mit à courir avec une telle rapidité que les jeunes gens mêmes pouvaient à peine la suivre.

Elle fut bientôt devant Alexandre, et, posant son fardeau aux pieds du vicaire de Jésus-Christ, elle le supplia de rendre l'enfant à la vie, et offrit, en compensation, de perdre une seconde fois la vue qu'elle venait de recouvrer. Le saint se mit à genoux, élevant ses mains vers le Ciel, et ses prières obtinrent non seulement que mon fils revînt à la vie, mais aussi que la femme dévouée qui l'avait nourri de son lait reçût la récompense de sa foi, en conservant le bienfait de la vue. Après avoir rendu grâces à Dieu des merveilles opérées en son nom adorable, Alexandre me ramena lui-même mon fils parfaitement guéri. Aussitôt mes genoux fléchirent devant lui, et, glorifiant le Christ, je suppliai son ministre de me rendre chrétien. J'établis un tuteur à mon fils, je lui donnai les biens qui lui revenaient, augmentés d'une partie de ceux qui m'étaient propres ; le reste fut distribué aux pauvres et à mes esclaves, qui, ayant, à mon exemple, abandonné le culte infâme des faux dieux, reçurent la liberté. Dégagé donc des biens périssables de cette vie, n'ayant plus rien qui m'attache aux affections terrestres, je ne crains pas la confiscation, ni ne tremble devant la colère des hommes ; car j'espère partager la gloire immortelle réservée à tous ceux qui ont scellé de leur sang la foi en Jésus-Christ, et qui ont mérité la palme du martyre. »

Quand Hermès eut fini son récit, Quirin prit la parole en ces termes : « Que Jésus-Christ devienne par vous le vainqueur de mon âme, mais sous cette condition : Le ciel m'a donné une fille qui est en âge d'être mariée ; elle est belle de figure et ne manque d'aucune des grâces de l'esprit ; mais elle est affligée des écrouelles : guérissez-la, et je lui abandonnerai tout ce que je possède, et je confesserai avec vous le nom du Christ. — Amène-la vers moi dans la prison, répondit Alexandre ; prends les chaînes qui pèsent sur mon cou, et impose-les lui jusqu'à demain; sa guérison sera parfaite. — Comment, répliqua Quirin, te trouverai-je dans ta prison, toi qui es en ce moment dans celle d'Hermès? — Tribun, éloigne de telles inquiétudes; celui qui m'a transporté ici, saura bien me ramener dans mon cachot. Va donc et hâte-toi. » Quirin sortit. Mais il voulut laisser ouvert le lieu où était détenu Hermès; les deux confesseurs de la foi s'y opposèrent, et la porte fut fermée, comme de coutume. Pendant qu'ils se faisaient leurs adieux et qu'ils récitaient une prière en commun, l'ange qui avait amené saint Alexandre reparut sous la forme d'un enfant et tenant un flambeau à la main : « Suis-moi, dit-il au Pontife, en ouvrant la fenêtre. » Il le reconduisit dans sa prison, et lui ayant remis ses chaînes, il disparut.

Une heure après, Quirin vint, et, après avoir trouvé les quatre sentinelles, qu'il avait placées à l'entrée du cachot, veillant avec soin, et les portes parfaitement fermées, il pénétra dans la prison, où il vit le saint évêque.

Ce spectacle lui causa une telle émotion qu'il se jeta le front dans la poussière, en criant du fond de son âme : « Ayez pitié de moi, Seigneur, et que vos prières empêchent la colère de Dieu de tomber sur moi. Le Dieu que j'adore, répondit Alexandre, ne veut la mort de personne, mais la conversion des pécheurs. Car lorsque son corps adorable était attaché à la croix pour le salut du genre humain, sa prière s'éleva vers le Ciel, même pour ceux qui avaient cloué ses mains et ses pieds à l'arbre sanglant.

» Voici, répliqua Quirin, ma fille, votre servante. Alexandre s'informa du nombre des prisonniers confiés à la garde du tribun, et ayant appris qu'ils étaient environ vingt, il demanda si parmi eux il y en avait qui fussent détenus pour la foi de Jésus-Christ. Quirin lui en nomma deux, honorés du sacerdoce, l'un, Evan, et l'autre, Théodule, ce dernier venu de l'Orient. Hâte-toi, dit Alexandre, de les amener ici avec grand respect. Mais auparavant, détache la chaîne que je porte à mon cou, et mets-la au cou de ta fille. Le tribun fit tomber les chaînes de saint Alexandre, et collant ses lèvres sur ses pieds, il le supplia de mettre lui-même ces chaînes au cou de son enfant. Ce que saint Alexandre ayant fait, il pressa Quirin d'amener les deux prêtres prisonniers. Pendant qu'il allait les chercher, l'ange apparut tout à coup, avec son flambeau, et s'approchant de la jeune Balbine : Sois guérie, lui dit-il, et demeure dans le saint état de virginité ; et je te ferai voir ton époux qui a répandu son sang pour l'amour de toi. » Après quoi, il disparut.

Le père de la jeune fille étant arrivé alors avec Evan et Théodule, et ayant vu sa fille rendue à la santé, s'écria : « Sortez, seigneur, sortez des murs de cette prison, de peur que, si vous y demeuriez davantage, le feu du ciel ne tombe sur moi et ne me consume. — Si tu veux, répliqua Alexandre, reconnaître envers le Ciel un

bienfait dont je n'ai été que l'indigne instrument, exhorte tous ceux qui sont dans
cette prison à se faire régénérer dans les
eaux du baptême, et à embrasser la foi de
Jésus-Christ.—Une si haute faveur, objecta
Quirin, est digne de vous, chrétiens, dont
la vie est sainte; mais comment pourrait-
elle devenir le partage de ces prisonniers,
dont les uns ont commis l'adultère, et les
autres ont souillé leur vie par un grand
nombre de crimes! — C'est pour l'amour
des pécheurs, interrompit Alexandre, que
le Fils de Dieu est descendu des cieux,
qu'il a pris un corps dans le sein d'une
vierge; c'est aux pécheurs qu'il est venu
apporter le pardon. Arrière donc des dou-
tes qui offensent son éternelle bonté, et
fais que tous viennent.» Alors Quirin fit
connaître à haute voix que tous ceux qui
solliciteraient la grâce du baptême l'obtien-
draient, et qu'ils pourraient ensuite aller
où ils voudraient. Tous se présentèrent, et
Alexandre, inspiré par l'Esprit-Saint, leur
adressa ces mots : « Chers fils, écoutez-

moi attentivement, et ayez foi en mes paroles. Le Dieu qui a créé le ciel et la terre, l'Océan et tout ce qu'ils contiennent, le Dieu qui tient dans sa main le tonnerre et les éclairs, le Dieu qui règne sur la mort et sur la vie, devant qui s'inclinent le soleil et la lune et les étoiles, à qui rendent hommage les nuages, les pluies et les tempêtes; ce même Dieu a fait descendre des hauteurs du ciel et naître d'une vierge son Fils, qui existait de toute éternité. Celui-ci commença à prêcher à tout le genre humain la bonne nouvelle de l'Évangile. Mais comme les hommes avaient le cœur endurci, il voulut les persuader par des miracles. Assistant donc un jour à une noce, et le vin ayant manqué, il changea l'eau en vin. Il révéla aussi les pensées secrètes des hommes, rendit la vue aux aveugles, la parole aux muets; il fit marcher les boiteux, et mit en fuite les démons; il rendit la santé aux malades et appela les morts de leurs tombeaux; commandant aux vents déchaînés, il apaisa les tempêtes, et marcha sur l'abîme des mers. A la vue de si grandes merveilles, une multitude d'hommes crurent en sa parole; mais les Pharisiens et les Juifs en conçurent une telle jalousie, qu'ils le clouèrent à une croix. Le Christ, la vie éternelle elle-même, eût facilement pu se soustraire à la mort; mais il ne le voulut pas afin de vaincre le Démon, auteur de la mort de tous les hommes. Trois jours après, Jésus sortit de son tombeau; il monta ensuite au ciel en présence d'une foule de témoins. Au dernier jour du monde, il reviendra sur la terre, pour juger tous les hommes, récompenser les bons et punir les méchants. Vous donc, qui m'écoutez, si vous avez foi en lui, donnez vos noms afin que vous soyez faits chrétiens.

« Nous sommes chrétiens, s'écrièrent tous les prisonniers; nous voulons être baptisés. » Alexandre ordonna donc à Evan et à Théodule de leur imposer les mains et de les faire catéchumènes. Après cela, Quirin, sa fille Balbine, avec toute sa maison et tous les prisonniers, furent baptisés. Saint Quirin les fit revêtir tous de robes neuves et blanches, puis ouvrit les portes de la prison, que l'on put prendre pour une église.

. Cependant le geôlier, témoin de ce merveilleux changement, fut trouver le prévôt Aurélien, et lui raconta ce qu'il avait vu. Celui-ci entra en fureur et se fit amener Quirin. « J'ai eu pour toi, lui dit-il, les bontés d'un père, et tu t'es joué de ma confiance, en te laissant séduire par Alexandre. — Je suis chrétien, répondit Quirin. Tu peux me faire tuer, tu peux me faire frapper de verges ; tu peux livrer mon corps aux flammes et le réduire en cendres, je ne changerai point. Je suis et je veux mourir chrétien. Bien plus, c'est par mes conseils et par mes soins que tous les prisonniers ont obtenu la même grâce ; je leur ai ensuite laissé la faculté de fuir leurs cachots, mais ils ne l'ont pas voulu. J'ai prié également le saint pape Alexandra et l'illustre Hermès d'accepter la liberté, mais ils l'ont refusée. Tous sont dans leurs prisons et défient les persécuteurs; si, disent-ils, nos crimes avaient mérité une mort honteuse, combien n'est-il pas plus juste que nous offrions notre sang pour le nom du Christ? Donc je les ai conviés tous au baptême, puis fait revêtir d'habits blancs et neufs, selon les préceptes de la religion chrétienne. Et ils sont tous prêts à souffrir le martyre, et le souhaitent plus ardemment qu'un homme pressé de. la faim ne désire de la nourriture. Faites donc à présent selon vos désirs, mais n'espérez pas nous arracher à la foi de Jésus-Christ.

Aurélien, transporté de fureur, ordonna de lui couper la langue. « C'est pour te punir, lui dit-il, d'avoir prêché devant moi avec tant d'audace ta religion mystérieuse; maintenant je vais soumettre ton corps aux tourments du chevalet, sans que ta langue puisse trahir tes souffrances. » Le tyran se trompait dans ses calculs. Quirin continua de parler, quoique privé de langue :

« Homme infortuné, lui cria-t-il, aie pitié de ton âme, pour que tu ne deviennes pas la proie de tourments éternels. » Quirin fut soumis aux tortures du chevalet, mais les persécutions et les outrages furent impuissants contre sa foi; il continua à glorifier le nom de Jésus-Christ. Alors la rage du tyran ne connut plus de bornes; il fit couper au saint tribun les mains et les pieds; enfin il ordonna de lui trancher la tête. Son corps fut jeté aux chiens. Mais les chrétiens parvinrent à l'enlever, et l'ensevelirent dans le cimetière de Prétextat, sur la voie Appienne.

Ces événements arrivèrent le 30 mars de la 13ᵉ année du règne d'Adrien, l'an 132 de l'ère chrétienne.

II

Sainte Balbine.

Après la mort de saint Quirin, Balbine, sa fille, fidèle au conseil de l'ange, qui lui avait dit au moment de sa guérison : « Que Jésus-Christ soit le seul époux de ton cœur, » continua à vivre dans une sainte virginité. A chaque instant, elle collait, avec respect, ses lèvres sur les chaînes qui avaient été les instruments de son retour à la santé. « Cessez, lui dit saint

Alexandre, cessez de couvrir ces chaînes de vos baisers; mais cherchez plutôt les liens dont fut chargé le prince des apôtres, le grand saint Pierre, dont je ne suis que l'humble successeur, et faites-en l'objet de vos pieux hommages. »

Balbine se mit donc à l'œuvre; et son zèle et ses efforts persévérants furent couronnés d'un plein succès. Elle eut le bonheur de trouver les chaînes de saint Pierre. Elle se jeta à genoux pour remercier le Ciel d'une si insigne faveur : « Béni soit, dit-elle, ô Dieu tout-puissant, votre nom adorable, puisque vous avez révélé à la plus indigne de vos servantes, par votre ministre Alexandre, un trésor si précieux de grâces spirituelles. » Et elle embrassait, avec amour et avec crainte, les liens qui avaient retenu captif le chef donné par Jésus-Christ à son Eglise militante. Au récit d'une découverte d'un prix inestimable, Théodora, illustre dame romaine, sœur du saint préfet Hermès, accourut vers Balbine, la suppliant de confier à sa garde un objet si respectable. Balbine céda à ses prières, et la pieuse dame fut mise en possession d'un bien près duquel, à ses yeux, les richesses du monde n'étaient que cendres et poussière. Les chaînes du premier évêque de Rome sont conservées de nos jours encore, dans l'église de Saint-Pierre-aux-Liens.

La bienheureuse Balbine continua à visiter dans leur prison le saint pape Alexandre et ses compagnons de captivité ; elle demeura presque constamment avec eux, unissant ses ferventes prières aux leurs, et les suppliant d'invoquer en sa faveur le Ciel, afin qu'elle fût confirmée dans sa foi. Cependant la fureur agitait l'impie Aurélien : il envoya des soldats avec ordre de prendre tous les prisonniers qui avaient reçu le baptême dans leur cachot, de les faire monter sur un navire vieux et troué, qui serait conduit en pleine mer ; là, les chrétiens seraient attachés par les mains les uns aux autres, et leurs cous chargés d'énormes pierres ; après quoi, le navire lui-même serait coulé à fond. Les ordres du tyran reçurent une cruelle exécution, et Balbine, accompagna jusqu'au bord de la mer la troupe héroïque des martyrs en chantant les louanges de Dieu. Après une vie entièrement consacrée au service du Seigneur, elle mourut de la mort des saints et alla recevoir dans le ciel la récompense de ses hautes vertus.

On lui éleva des églises à Rome, où son culte fut en grand honneur. Quelques chroniqueurs laissent supposer que Balbine reçut la couronne du martyre ; cette opinion a été admise en plusieurs contrées où la sainte est représentée avec la palme et où elle reçoit les hommages que l'Eglise accorde à ceux de ses enfants qui ont scellé de leur sang la foi de Jésus-Christ.

III

Tant de victimes n'avaient pu rassasier la cruauté d'Aurélien : le pape saint Alexandre et ses deux compagnons, les vertueux prêtres Evan et Théodule, excitaient surtout sa rage, comme les auteurs des nombreuses victoires remportées par le Christ sur le paganisme. Il se plut donc à les tourmenter de la manière la plus inhumaine. Pendant que ses yeux se récréaient de la vue des tourments les plus atroces inventés par ses bourreaux pour lui plaire, sa femme Sévérine lui expédia un messager pour le prier de mettre en liberté un homme aussi pieux qu'Alexandre, de peur que la justice divine ne s'appesantît sur lui et ne le fît périr de mort violente. Mais il ne tint pas compte de ces sages avertissements. Par ses ordres, de nouveaux supplices furent infligés aux glorieux martyrs, dont les anges recueillirent enfin les belles âmes pour les déposer aux pieds du trône du Père céleste. Le bourreau insultait encore aux corps mutilés de ses victimes, quand tout à coup une voix du ciel fit entendre ces paroles : « Aurélien, ceux que tu insultes encore dans ta vaine fureur, jouissent de la gloire du paradis ; quant à toi, les portes de l'enfer sont ouvertes et t'attendent. » Ces mots jetèrent l'épouvante dans le cœur d'Aurélien, qui envoya supplier Sévérine, sa femme, d'apaiser par ses prières le courroux du Ciel. Celle-ci se hâta de faire inhumer, avec respect, les corps des trois saints martyrs; mais, à son retour, elle trouva Aurélien en proie à une démence furieuse, travaillé par la fièvre, et maudissant le jour qui l'avait vu naître. Il expira bientôt dans d'affreux tourments, victime de la colère du Dieu des chrétiens. Quant à Sévérine, sa femme, elle se couvrit d'un cilice, et vécut dans la crainte du Seigneur et dans le respect de ses commandements

IV

Translation de saint Quirin & de sainte Balbine. [1]

En 1050, la chaire de saint Pierre était
occupée par saint Léon IX, de l'illustre fa-

[1] L'histoire de la translation de saint Quirin est
tirée d'un ancien manuscrit, trouvé dans les archives
du château de Dâbo ; elle a vu le jour par les soins
du R. P. D. Emmanuel Frossius, prieur de Saint-
Quirin. Nous ne changerons rien au fond de ce pieux
récit, nous bornant à en rajeunir la traduction. Cependant un certain nombre de faits ont été puisés à
d'autres sources respectables.

mille des princes de Dachsbourg. Avant d'être appelé par le Seigneur à gouverner l'Eglise, il avait été évêque de Toul, et c'est sur le siége de saint Mansuy qu'il donna les premiers exemples de ces vertus qui devaient plus tard lui faire élever des autels.

Il y avait à cette même époque, à Nuys (d'autres écrivent Nysch ou Neus), sur les bords du Rhin, non loin de Cologne, un célèbre couvent, dont était abbesse une femme de noble famille, nommée Gépa. Quelques chroniqueurs prétendent qu'elle était sœur de saint Léon; d'autres la disent sa nièce. Toujours est-il qu'elle connaissait personnellement ce grand pape, qui avait pour elle une estime toute particulière. Gépa, sentant venir la vieillesse, voulut recevoir une dernière fois la bénédiction du pieux Pontife, et visiter, avant de mourir, le tombeau des glorieux apôtres saint Pierre et saint Paul. Les périls d'un si long voyage n'effrayèrent point son zèle; elle partit donc, et, après d'innombrables fatigues, ses pieds foulèrent la terre des martyrs.

Saint Léon la reçut avec la distinction due à sa dignité et à ses hautes vertus, et lui assigna pour demeure un palais situé près de l'église Saint-Pierre, afin qu'elle y pût vaquer plus commodément à ses exercices de piété. Une fenêtre du palais avait même jour sur l'église, de sorte que la sainte abbesse pouvait voir de son appartement toutes les cérémonies qui se pratiquaient dans le temple où reposent les reliques des deux grands apôtres. Ses jours se passaient dans l'accomplissement d'une foule d'œuvres charitables, et une partie du temps du sommeil était donnée à la prière. Une nuit, qu'elle était prosternée devant le Seigneur, elle aperçut par la fenêtre dont nous venons de parler, une clarté extraordinaire; elle vit une troupe d'anges, tenant des cierges allumés en leurs mains, qui rendaient honneur à certaines reliques posées dans une chasse sur un autel. L'encens fumait dans les vases sacrés, et de mélodieux cantiques ravissaient son oreille.

Ce pieux spectacle se renouvela plusieurs nuits de suite. Gépa, sans rien dire de ses visions célestes, s'informa de quel saint étaient ces reliques. Elle apprit que c'était le corps de saint Quirin, martyr. Dès ce moment, elle désira ardemment posséder ces précieuses reliques, pour les transporter dans son pays, et satisfaire ainsi chaque jour sa grande dévotion. Elle fit part de son désir à quelques cardinaux, qui l'avaient en grande estime, et les pria, avec instance, de lui obtenir le corps de saint Quirin. Les cardinaux essayèrent de la détourner de son pieux dessein, et lui répondirent que le pape avait une telle vénération pour ces reliques qu'ils s'exposeraient à un refus certain, en présentant sa demande. Mais la dévotion de l'illustre voyageuse pour cet inestimable trésor ne fit que grandir, et ses instances n'en devinrent que plus vives. Les cardinaux lui conseillèrent donc de se jeter aux genoux du pape, et de demander des reliques sans spécifier celles de saint Quirin, lui promettant de seconder ses vœux de tous leurs efforts.

Elle suivit ce conseil, et Léon IX, voulant la traiter favorablement, acquiesça à ses désirs et lui promit un corps saint. Mais le cœur du vicaire de Jésus-Christ fut grandement attristé quand il sut quel trésor l'illustre abbesse sollicitait de sa bienveillance. Il pensa même à révoquer sa promesse, mais les cardinaux, étant intervenus, le décidèrent, non sans peine, à tenir la parole donnée.

La joie de Gépa fut grande, et sa reconnaissance s'exprima par les termes les plus vivement sentis. Quelque temps après, le moment du retour étant arrivé, elle prit congé du pape et de la cour romaine, qui l'avaient si bien accueillie, et, ayant fait emporter par sa suite la châsse dans laquelle reposait le corps de saint Quirin, celle aussi de sainte Balbine sa fille, elle reprit le chemin de son pays. Elle marcha de longs jours et essuya de rudes fatigues; mais son cœur n'en n'était pas moins

joyeux, en pensant aux trésors inestima-
bles qu'elle possédait. Un soir, comme on
touchait la chaîne des Vosges, et qu'on n'é-
tait plus qu'à quelque distance de Dachsbourg (aujourd'hui Dâbo), lieu éternelle-
ment célèbre par la naissance du pape saint
Léon, et qui portait alors le titre de ville,
étant le chef-lieu d'un comté d'Empire, le
mulet qui portait les châsses et qui précé-
dait la troupe pieuse, s'arrêta tout-à-coup,
et Gépa fut contrainte de passer la nuit sur
une éminence, où se voit aujourd'hui une
ancienne chapelle dite *Chapelle-Haute*. Un
riche tapis fut étendu sur la terre, et on y
posa respectueusement les saints corps, en-
tourés de cierges allumés. La nuit se passa
partie dans le sommeil, partie dans la
prière. Le lendemain, aux premiers rayons
du soleil, on voulut replacer les reliques de
saint Quirin sur le dos du mulet ; mais de
vains efforts furent faits, personne ne put
y parvenir. Gépa et sa suite en éprouvèrent
une grande douleur ; elles versèrent d'a-
bondantes larmes, invoquèrent avec piété

le saint nom de Dieu, puis essayèrent de nouveau de lever la châsse. Elles ne furent pas plus heureuses, et comprirent alors que Dieu avait des vues miséricordieuses pour le pays où elles se trouvaient. Gépa se résolut donc à cet immense sacrifice, quoi qu'il pût lui en coûter, et se borna à demander une partie du précieux dépôt qu'elle avait accompagné jusque là.

Sa prière faite, elle sentit son cœur plein de confiance. Elle ouvrit donc la châsse, et trouva que, par la volonté de Dieu, la tête de saint Quirin était détachée de son corps. (Lorsque la tête du saint eut été tranchée et séparée du corps par la sentence du cruel Aurélien, elle s'était réjointe miraculeusement, quand les chrétiens l'ensevelirent). Gépa, transportée de joie, emporta cette tête précieuse, en chantant avec sa suite des hymnes d'actions de grâces.

Ces merveilles convainquirent Gépa que la volonté du Ciel était d'enrichir ce pays des précieuses reliques apportées par elle de Rome; elle fit donc bâtir à la hâte sur

la montagne, vis-à-vis du portail de l'é-
glise actuelle de Saint-Quirin, une petite
chapelle, dans laquelle furent respectueusement déposés les corps des saints martyrs, qu'elle confia à la garde d'une fille
pieuse, compagne de son lointain voyage.
Quand Gépa eut pourvu à l'entretien non
seulement de la chapelle, mais aussi de la
gardienne chargée d'honorer les reliques
et d'entretenir les lampes qui devaient brû-
ler sans cesse devant les deux châsses, elle
continua son chemin, n'emportant plus
avec elle que les têtes de saint Quirin et de
sainte Balbine, qui devinrent le partage de
la ville de Nuys, où Gepa mourut plus tard,
après une vie de bonnes œuvres et de sainteté.

Dieu ne tarda pas à manifester la gloire
de ses serviteurs par de nombreux et d'é-
clatants miracles, soit à Nuys, soit dans le
comté de Dâbo. De toutes parts on voyait
accourir une foule de malades, jeunes et
vieux, riches et pauvres, et beaucoup d'entre eux, dont le cœur était pur et la foi ar-

dente, s'en retournèrent après avoir vu
exaucer leurs prières. On obtenait surtout par l'intercession de saint Quirin et
de sainte Balbine la guérison des écrouelles, ou affections scrofuleuses les plus in-
vétérées. Cette maladie était même dési-
gnée sur le nom de *mal de saint Quirin.* Le
recueil de ces miracles avait été consigné
sur un registre spécial, qui fut perdu, avec
une partie des reliques, pendant les guer-
res sanglantes suscitées par les protestants
d'Allemagne. Ici c'est un jeune homme
boîteux qui recouvre la faculté de marcher; là, une dame lorraine, qui étant affligée à la jambe d'un mal jugé incurable,
obtient une parfaite guérison; plus loin,
c'est un Anglais, tourmenté par une maladie longue et dangereuse, qui est rendu
subitement à la santé; plus loin encore,
c'est l'empereur Frédéric, qui ayant délivré, en 1475, Nuys, assiégé depuis longtemps par le duc de Bourgogne, et pré-
servé par la protection du saint martyr,
créa un ordre de chevalerie, dit de Saint-

Quirin, en faveur de tous ceux qui s'étaient distingués à ce siége.

Entre autres miracles, nous croyons devoir rapporter celui qui fut opéré sur un bénédictin. Il était affligé des écrouelles. Le malade, ayant foi dans les reliques de saint Quirin, résolut d'entreprendre un pélérinage aux lieux témoins de tant de prodiges. Mais ses prières ne purent vaincre la volonté de ses supérieurs, qui lui refusaient la permission de quitter le monastère. Après avoir vainement sollicité pendant longtemps, il s'enfuit secrètement et vint s'agenouiller plein de confiance devant la châsse de saint Quirin. Il fut guéri, et s'en retourna avec joie dans la maison qu'il avait quittée, racontant les merveilleux effets de l'intercession de saint Quirin. L'abbé lui reprocha sa désobéissance, qui aurait dû lui mériter un châtiment et non une récompense. Pour cela il ne voulut pas croire à l'intervention de saint Quirin dans cette guérison, car il lui répugnait d'admettre qu'un habitant des célestes demeures pût encourager les fautes d'un religieux. « Je ne croirai, ajouta-t-il à la sainteté et à la puissance de celui dont vous avez invoqué le nom, que lorsque votre corps souffrira de nouveau de l'affliction dont vous avez été indûment délivré. » A l'instant même le mal reparut dans toute son intensité. « Maintenant, s'écria l'abbé, je reconnais que saint Quirin est un grand saint, et que c'est à son intercession qu'est due la faveur que vous avez obtenue. » Tous ceux qui étaient présents se mirent alors en prière en faveur du religieux, qui récupéra une seconde fois la santé.

Cependant la fille qui était demeurée pour honorer les reliques de saint Quirin avait un petit logement au bas de la montagne, dans le lieu où fut plus tard le prieuré à côté d'une source abondante qui porte depuis des siècles le nom du saint. Chaque jour elle montait à la chapelle, pour faire ses prières et entretenir les lampes et les cierges qui brûlaient en l'honneur des martyrs. Mais les infirmités vinrent avec les années, et un jour, ne pouvant plus marcher, elle se traîna sur la montagne avec une peine infinie. Là, elle se prosterna au pied de l'autel, et, fondant en larmes, elle adressa à saint Quirin ces paroles naïves : « Grand saint, vous voyez que j'ai bien de l'affection à vous servir en ce lieu, mais, la faiblesse de mon corps ne me le permettant plus, je vous prie de m'excuser. » Elle sortit ensuite de la chapelle, dont elle ferma la porte à clef, et retourna vivement affligée dans sa cellule. Mais le lendemain elle se sentit tellement fortifiée qu'elle reprit ses occupations saintes et quotidiennes, et les continua jusqu'à ce que Dieu l'appelât au séjour des bienheureux.

Après sa mort, les miracles augmentant, l'abbé de Marmoutier y envoya un de ses religieux, à qui, chaque semaine, on faisait passer ce qui lui était nécessaire pour la vie. Mais les communications étaient toujours difficiles et quelquefois impossibles, surtout pendant la saison des pluies ou des neiges. D'un autre côté, il ne convenait pas que les saintes reliques demeurassent dans un lieu entièrement solitaire, sans être gardées et honorées. L'abbé fit donc transporter les reliques en son monastère de Marmoutier.

Mais d'épouvantables malheurs vinrent alors éprouver les populations voisines. « C'est la main de Dieu, s'écrièrent-elles, qui s'appesantit sur nous. Nous avons commis une grande faute, en laissant enlever du milieu de nous notre saint protecteur. » Une supplique touchante fut présentée au comte de Dâbo, qui, sensible aux maux des siens, alla trouver l'abbé de Marmoutier, et le pria de rétablir les reliques de saint Quirin dans le lieu que Dieu lui-même avait choisi. L'abbé accueillit avec empressement les désirs du comte ; seulement il pensa qu'il était convenable d'assurer l'existence de deux ou trois religieux qui pussent décemment servir Dieu et honorer les saintes reliques.

Le comte bâtit alors le prieuré de Saint-Quirin ; après quoi, les reliques furent rapportées aux lieux que Dieu avait désignés à Gépa, et où se trouve aujourd'hui le village de Saint-Quirin.

La puissance de Dieu continua à s'y manifester par l'intercession de saint Quirin et de sainte Balbine ; d'innombrables miracles attirèrent en ces lieux une foule de malades, d'infirmes, de personnes affligées d'esprit ou de corps. De là un pélérinage considérable, qui subsiste encore de nos jours. Des milliers de pélérins accourent chaque année de toutes les parties de l'Alsace et de la Lorraine pour se prosterner devant la châsse et devant le buste du saint, dans lesquels sont conservées religieusement les saintes reliques qui ont survécu aux malheurs des temps. Une foule d'*ex-voto* sont appendus aux murailles de la *Chapelle-Haute* et de l'église du village : naïfs témoignages des grâces qui ont été obtenues et de la reconnaissance qui en a été la suite. C'est surtout à l'époque des cinq processions solennelles qui se font encore annuellement au village de Saint-Quirin, que l'affluence des pélérins est la plus considérable. La 1ʳᵉ a lieu après les complies de la veille du dimanche auquel on célèbre la fête du saint le plus proche du 30 avril; la 2ᵉ, le lendemain avant la grand'messe; la 3ᵉ, le lendemain de l'octave; la 4ᵉ le jour de l'Ascension; la 5ᵉ, le dimanche le plus proche du dernier août. Dans ces occasions, les deux reliquaires sont portés de l'église paroissiale à la *Chapelle-Haute*, par les notables de la localité. On voit encore à l'extérieur et de chaque côté de cette chapelle qui domine toute la vallée, les places où se trouvaient jadis deux chaires dans lesquelles on célébrait en même temps les louanges de saint Quirin en allemand et en français.

Cette chapelle possède une parcelle, précieuse, quoique bien petite, des reliques du glorieux martyr[1]. Aussi n'est-il pas un

[1] Il existe aussi une relique de saint Quirin, dans l'église champêtre et paroissiale de Saint-Hilaire,

pélérin qui, après avoir fait sa prière dans l'église paroissiale devant les deux reliquaires, après s'être pieusement agenouillé devant le groupe en pierre placé au fond du sanctuaire, groupe massif où saint Quirin est représenté le casque en tête et la main appuyée sur son bouclier; après avoir aussi jeté un coup d'œil de curiosité dans la chapelle funéraire élevée par M. Chevandier, pair de France, au souvenir d'une épouse chérie, il n'en est pas un qui se dispense de gravir la colline de la *Chapelle-Haute*,

commune de Ville-en-Vermois, canton de Saint-Nicolas-de-Port. Cette relique du saint martyr, qui est visitée par de nombreux pélérins dans l'église indiquée ci-dessus, l'était autrefois dans le village même de Ville-en-Vermois, où se trouvait une chapelle presbytérale, dont la collation appartenait au Chapitre de la Primatiale de Nancy. Cette chapelle, sous l'invocation de saint Quirin, a été démolie en 1806, et changée en une maison particulière, située à gauche de la rue principale en montant dans la direction de la route départementale qui conduit à Bayon. Nous eussions désiré trouver quelques renseignements sur l'origine de la chapelle de saint Quirin de Ville-en-Vermois; mais ni les livres, ni les traditions locales ne disent rien sur ce sujet.

en signe de respect pour le lieu qui le premier eut le bonheur d'être honoré de la visite des corps saints. Sa prière faite, il redescend dans le village, s'arrête un instant devant le portail de l'église, surmonté de ses deux tours [1], devant l'ancien

[1] On nous a raconté qu'en 1829, une maison voisine de l'église prit feu. Telle fut la violence de l'incendie que les plombs des vitraux de l'église fondirent, et que le toit, qui était en bardeaux, s'enflamma en plusieurs endroits à la fois. Les flammes se communiquèrent à la flèche d'une des tours, également couvertes en bois. Mais personne ne pouvait y monter, pour combattre l'élément destructeur.

La foule, accourue sur le lieu du désastre, comprit qu'il ne restait plus qu'un seul moyen de salut, et des milliers de voix s'élevèrent en un seul cri : » Grand saint Quirin, priez pour nous. » A l'instant, une pluie douce tomba des cieux : le foyer perdit de son ardeur et finit par s'éteindre de lui-même. L'église fut sauvée, quoique la violence du feu eût calciné l'angle de la tour, depuis la base jusqu'au toit. Il ne pleuvait pas avant l'incendie ; il ne tomba pas une goutte d'eau après. — La foule crut voir dans cet événement un miracle : eut-elle tort ? Nous ne nous permettrons pas de décider la question. Tout ce que nous pouvons affirmer, c'est que le récit nous en a été fait par une personne d'une grande distinction d'esprit et de cœur, témoin oculaire des faits.

prieuré, dont une portion sert aujourd'hui de maison de cure, et s'empresse d'aller tremper ses lèvres dans l'eau d'une fontaine qui prend sa source derrière le presbytère. Cette source, qui porte le nom de saint Quirin, possède, dit-on, des vertus extraordinaires et guérit les affections scrofuleuses, sur lesquelles on a soin d'appliquer une feuille de chêne trempée dans son eau.

Après cette dernière station, les troupes des pieux visiteurs s'en retournent, en s'entretenant des choses qu'elles ont vues, et en bénissant le nom de saint Quirin, qui a remis l'espoir dans leurs cœurs et la joie dans leur âme.

A trois kilomètres du village, dans un vallon resserré qui se dirige vers Lorquin, se trouve un autre pélérinage qui jouit aussi d'un grand renom dans le pays. C'est la chapelle de Notre-Dame de L'Hor, qui dépendait autrefois du prieuré de Saint-Quirin, mais qui est aujourd'hui la propriété de M. le curé actuel de Cirey. Un frère laïc, à longue barbe, est chargé de l'entretien de ce lieu de dévotion, où chaque samedi se rendent une foule de personnes pour y entendre la messe. On arrive, par une belle allée plantée d'arbres, à la chapelle, où se voient nombre d'*ex-voto* appendus aux murailles. La vierge de ce lieu, une Notre-Dame de Pitié, placée sur l'autel du sanctuaire, est l'objet principal de la vénération des fidèles. Quelques groupes de pélérins, sortis de Saint-Quirin, s'y arrêtent encore chaque jour, pour y répandre une dernière prière de supplication ou d'action de grâces.

PRIÈRES.

A SAINT QUIRIN ET A SAINTE BALBINE.

—

Père des miséricordes et de toute consolation, qui, par la guérison corporelle et spirituelle de sainte Balbine, vierge et fille unique de saint Quirin, avez bien voulu guérir l'âme de son père en le convertissant à la foi de Jésus-Christ votre Fils, nous vous supplions très-humblement de compatir à nos infirmités et à nos afflictions. Délivrez-nous des maladies de notre âme et de notre corps, par l'intercession de ces glorieux saints, et par les mérites infinis de Jésus-Christ votre Fils, qui vit et règne avec vous, et avec le Saint-Esprit, dans les siècles des siècles. Ainsi soit-il.

ORAISON.

TIRÉE DU BRÉVIAIRE DE COLOGNE.

—

Dieu, qui avez donné la palme de la victoire au saint martyr Quirin, accordez-nous de vaincre, par son intercession, tous les maux de ce monde, et de jouir un jour avec vous dans le ciel des joies que vous avez promises à vos élus ; par Notre-Seigneur Jésus-Christ. Ainsi soit-il.

ORAISON

TIRÉE D'UN ANCIEN MISSEL.

—

Dieu, roi éternel, dont le noble et glorieux Quirin a glorifié le nom adorable, en souffrant pour vous le martyre, faites que nous, qui honorons la mémoire vénérable de sa très-sainte Passion, nous obtenions, par ses mérites, de vivre dans la loi de votre pieuse crainte et de votre ineffable amour ; par Jésus-Christ Notre-Seigneur. Ainsi soit-il.

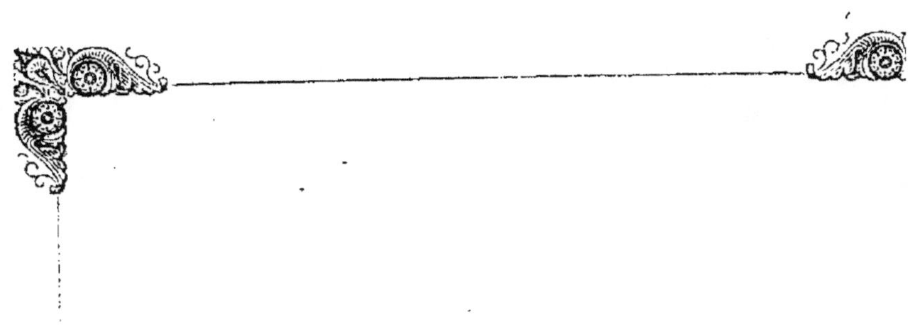

www.ingramcontent.com/pod-product-compliance
Lightning Source LLC
Chambersburg PA
CBHW051124050726

47594CB00003B/945